AF360161

ÉLEMENTS DU DROIT,

PRÉCÉDÉS

D'UNE RÉPONSE

AUX OPINIONS DE M. G......

SUR LES DROITS DES FEMMES EN NORMANDIE.

Par Me. DUCASTEL, Avocat au Parlement de Normandie.

A ROUEN,

Chez PIERRE SEYER , Imprimeur de Monseigneur l'Archevêque, rue Ecuyere.

M. DCC. LXX.

RÉPONSE

AUX OPINIONS

DE M. G......

SUR LES DROITS DES FEMMES EN NORMANDIE.

’AI foutenu que les femmes étoient *communes* en Normandie, mais qu’elles l’étoient moins qu’à Paris. M. G...... prétend qu’elles ne le font point du tout..... Chacun peut avoir fes motifs.

J’ai mis des raifons dans mon Livre, & mon confrere des autorités dans le fien : je reclame l’efprit de nos loix ; M. G...... s’en tient

A 2

(4)

aux termes. Voilà nos différences.

Toute la France coutumiere accorde aux femmes des prérogatives sur les meubles & conquêts. Il semble que ce devroit être au même titre. On dit pourtant que les Coutumes de Rheims & de Normandie s'écartent du droit général.

Il est vrai que les femmes Normandes n'ont pas toujours les avantages des autres ; mais la quotité du droit est indépendante du titre. En tous lieux l'association des conjoints fonde le droit des femmes ; en tous lieux la séparation détruit ce droit ; en tous lieux le principe qui confere ou qui prive est donc le même.

On convient que les femmes ne sont pas héritieres de leurs maris , cependant bien des personnes l'écrivoient avant ma Dissertation , & l'on s'appuyoit sur des textes formels. On convient que toutes nos loix supposent une commnnauté , mais on dit que l'art. 389 la rejette.

Je réponds que si d'autres articles l'admettent , l'exclusion n'est qu'ap parente ou mal rédigée ; que la femme n'eſt point héritiere, bien que des textes l'affirment ; qu'elle peut être commune, bien que la Coutume paroiſſe le défavouer : il regne dans notre droit municipal une contradiction certaine. Si la communauté de biens étoit anciennement admiſe parmi nous, ſi nos loix actuelles la ſuppoſent, peut-on la prohiber ? Il faut penſer que l'article 389 ne dit pas tout ce qu'il ſemble dire.

Pour l'intelligence de cet art. j'ai fait voir que les Francs n'ont pas impoſé leurs uſages aux Gaulois vaincus ; que le peuple conquérant & le peuple ſoumis ont long-temps conſervé leurs différentes loix ; que l'un *admettoit* une communauté *légale*, que l'autre en *toléroit* une conventionnelle ; que les premiers Francs n'accordoient pas aux femmes de grands avantages ; que tout ſe bornoit à la dot maritale ou douaire mobiliaire, au tiers des meubles, au morgangeba ; que la Neuſtrie * ſuivoit la loi générale du Royaume ; que les

* Maintenant Normandie.

A 3

Normands l'ont maintenue dans cette Province ; qu'ils l'établirent en Angleterre ; qu'elle varia plus ailleurs qu'en Normandie, dont tous les Ducs furent presque tous de Grands Hommes ; que les Ordonnances de nos Rois * prouvent cet établissement ; que l'ancien Coutumier le suppose ; que Terrien le confirme ; que depuis cet Auteur jusqu'à la réformation de nos Usages, on ne trouve rien de contraire ; que la Coutume nouvelle laisse subsister les anciens privileges des femmes, qu'elle les augmente, qu'elle les accorde toujours à droit de société, puisqu'elle en prive par la séparation ; qu'ainsi nos Réformateurs n'en pouvoient changer le titre ou le principe, en ne changeant pas les effets ; que l'art. 389 ne contient point ce changement, puisqu'il n'est pas mis pour *Coutume nouvelle* ; qu'il faut donc croire que l'exclusion n'est qu'apparente ou sans prétexte.

Mon Critique auroit dû détruire ces notions préliminaires & fondamentales ; nous apprendre comment

* Philippe Auguste, & Louis 8.

la Normandie s'étoit écartée du droit commun de la France, d'où lui venoit une législation toute particuliere, s'il étoit possible qu'elle admit une société en retirant l'art. 389, & qu'elle la rejettât, en conservant cet art...... M. G...... ne fait pas la moindre recherche pour établir son opinion. Il croit tout voir dans l'art. 389, & cela lui suffit. Que porte donc cet article ? Voici ses termes :

» Les personnes conjoints par ma-
» riage ne sont *communs* en biens
» meubles ou conquêts immeubles,
» *ains les femmes n'y ont rien qu'après*
» *la mort du mari.*

Les conjoints ne sont point *communs*, parce que les femmes n'ont rien du vivant de leurs époux : c'est le sens précis de l'art. 389.

Qu'entendoient nos sages Réformateurs par ces mots : Les conjoints Normands ne sont point *communs*, &c....? Ont-ils voulu dire qu'ils n'étoient pas *également avantagés*, ou qu'ils n'étoient *dans aucune sorte de société* ? 1°. S'ils ont voulu dire qu'ils n'étoient pas également avantagés comme ceux des pays de communauté, où par exemple la femme qui survit a part égale avec les héritiers de son époux, où le mari n'a pas plus que les héritiers de la femme qui prédécede, ils ont très-exactement rencontré ; nos Réformateurs traitoient de la Coutume générale, & dans cette position les conjoints Normands n'étoient point *égaux en droits*. La femme ne transmet rien à ses héritiers. Ses foibles prérogatives ne s'exercent qu'après la mort de son mari. Si donc on entend par communauté *égalité de partage*, la femme Normande n'est point commune : aussi ce n'est pas dans ce sens que je lui donne ce titre. J'appelle femme commune celle qui prend une part *quelconque* dans les meubles & conquêts. Quand elle prend plus ou moins, elle est commune avec plus ou moins d'avantage ; & pour éviter toute confusion, je la nomme *l'associée* de son époux.

Dès le commencement de mon li-vre j'ai fait fentir cette diftinction. Toutefois fi l'on veut dire que les conjoints ne font pas communs, parce qu'ils ne font pas égaux, la difpute fera finie, & l'art. 389 s'interprétera de cette maniere :

» En Coutume générale, les con-
» joints Normands ne font pas *com-*
» *muns*, c'eft-à-dire, qu'ils n'ont pas,
» comme ailleurs, *des droits égaux* fur
» les meubles & conquêts ; car les fem-
» mes, dont la portion eft foible, ne
» tranfmettent pas à leurs héritiers le
» pouvoir de partager avec le mari,
» *ains* elles n'ont rien qu'après fa mort.

Il ne réfultera pas de cet art. que la part quelconque des femmes Norman-des ne leur eft pas conférée à *droit fo-cial* ; on en induira purement qu'elles n'ont pas, *comme ailleurs, un droit égal* à celui de leurs maris.

2°. Si nos Réformateurs n'ont point entendu par communauté *l'égalité dans les partages*, fi l'on foutient

qu'en déclarant les époux non-cóm-
muns, ils ont voulu dire qu'ils n'é-
toient *dans aucune fociété de conquêts
& de meubles ,* l'inexactitude fera fen-
fible. Perfonne ne concevra qu'on
ne puiffe pas être en fociété, fur le
prétexte qu'un des affociés n'a pas
une part égale à l'autre : pour démon-
trer cela plus clairement , reprenons
l'art. 389 dans le fens qu'on lui prête.

» Les conjoints ne font point en
» *fociété* , parce que la femme ne
» tranfmet rien à fes héritiers , ou
» parce qu'elle n'a rien qu'en furvi-
» vant à fon mari. »

Cela fignifie que la Normande n'eft
point en fociété , parce qu'elle n'a
point tel effet principal de la fociété ;
mais fi elle n'eft pas en fociété pour
cet avantage, elle n'y eft pas moins
pour le refte , c'eft-à-dire, pour la
portion que notre Coutume lui dé-
fere. Le titre qui donneroit le tout
eft celui qui donne une partie. De même que les aînés & les cadets, les fre-
res & les fœurs prennent des parts différentes au même titre d'héritier.

Je ne répéterai pas ce que j'ai dit à l'égard des lieux où les femmes Normandes ont autant d'avantage qu'à Paris. Mon Critique n'en a rien vu.

Que M. G..... nous dise donc ce qu'il entend par communauté. Est-ce une *égalité* dans les partages ? Est-ce une *société* de biens acquis entre les conjoints ? S'il dit que la Coutume exclut l'*égalité*, nous serons d'accord ; s'il dit qu'elle exclut *toute société*, nous discorderons. S'il convient que l'on peut être associé sans avoir des parts égales, la femme Normande sera l'associée de son mari.

Et qu'on ne regarde pas cela comme une dispute de mots. 1°. Si la femme en Normandie est l'associée de son époux, elle peut prendre par-tout ce que la loi territoriale confere aux femmes associées. 2°. Si la femme Normande jouit de ses droits à titre d'association, si la séparation l'en prive comme ailleurs, les femmes séparées, domiciliées dans les autres Provinces n'ayant point sa qualité, ne doivent point avoir ses avantages sur les meubles & conquêts de Normandie.

Ma Differtation avoit deux objets principaux. Le premier, d'établir que les femmes n'étoient pas héritieres de leurs maris. Le fecond, de prouver qu'elles étoient en fociété de biens avec eux. M. G...... reconnoît qu'elles ne font pas héritieres ; mais il foutient que j'en conclus qu'elles font communes : il eft pourtant certain que je démontre féparément ces deux points.

Vient enfuite une diftinction fubtile fur l'Arrêt de Duval. Le Critique foutient que renoncer & s'abftenir font deux chofes très-différentes ; que les héritiers d'une femme qui renonce ne peuvent clamer la part qu'elle auroit eue dans les conquêts vendus par les créanciers de fon mari ; que ceux d'une femme qui s'abftient, doivent avoir cette faculté : comme fi les héritiers d'une femme avoient un droit plus étendu qu'elle, comme s'ils ne devoient pas s'abftenir de clamer lorfqu'elle s'abftient de prendre.

Monfieur G...... auroit bien mieux fait de nous dire pourquoi la femme Normande eſt obligée de renoncer. J'en ai donné les raiſons, il falloit les détruire, ou convenir qu'elle eſt en ſociété de biens.

J'ai dit que la ſéparation ſuppoſoit une ſociété. Que répond à cela M. G......? Il ſoutient que la ſéparation eſt introduite pour conſerver le bien des femmes. Le Critique a raiſon. Cependant il n'en eſt pas moins vrai *qu'elle ſuppoſe une ſociété.*

Je marche ſans méthode, parce que je ſuis la Réfutation. A la page 9 je trouve ces termes : « Enfin l'Au- » teur (c'eſt moi) prétend que ſi l'on » vouloit établir la communauté en- » tre les époux Normands, il ſuffi- » roit de les déclarer communs, ſans » changer aucune diſpoſition de notre » Coutume. »

Cette vérité eſt la baze de mon ſentiment : toutes les diſpoſitions de notre Coutume, relatives aux femmes, prouvent une ſociété. L'article 389 ne la prohibe donc pas, ou la prohibe mal. M. G...... n'examine ni ne contefte cet objet important, il n'en parle que pour l'abandonner. Plus haut il tronque, il cite Pefnelle, fans l'entendre.

J'ai fait voir que les articles 220 & 225 de la Coutume de Paris, étoient effentiellement femblables à notre article 389. Que devoit faire mon Critique ? C'étoit fans doute de combattre mes raifons & de montrer la diffemblance. Au lieu de cela, pour toute folution, il obferve que nos Réformateurs devoient connoître la Coutume de Paris, & que cependant ils ont employé que les époux Normands n'étoient pas en fociété de biens. Il eft certain que M. G...... fuppofe qu'ils ont fait cet emploi, lorfque je foutiens le contraire ; que je le démontre ; que cela eft d'accord avec la diftribution totale de nos loix ; & que mon Critique ne me réfute pas.

Et fur quoi nos Réformateurs fe feroient-ils fondés ? Réponfe. *Sur l'ufage immémorial de cette Province.* Voilà le point où j'attendois M. G......

qu'il me prouve cet *usage immémorial ;* ce centre de la difficulté ; qu'il le prouve, & qu'il ne le suppose pas.

L'Ouvrage de M. G...... ne contient que des assertions isolées. Cependant *réfuter*, ce n'est pas dire froidement ce qu'on pense, c'est faire voir qu'un autre a pensé mal.

Mon Critique ne touche jamais aux arguments insolubles, il avance, rétrograde & frappe sans dessein. Comme souvent j'ai prévenu, discuté, réfuté ses objections, le bon sens voudroit qu'il détruisît mes réponses. M. G...... n'en fait rien.

Par exemple, en disant que les femmes Normandes partagent à droit de société, je ne soutiens pas qu'elles doivent prendre autant qu'à Paris. D'autre part, je démontre en plusieurs endroits que les femmes peuvent avoir le même titre, & des avantages différents ; qu'il n'est pas de l'essence de la communauté que les conjoints aient des droits égaux, & qu'ils n'ont les mêmes dans aucun lieu.

Hé bien , que fait encore M. G......?
Il pose , *sans preuves* , & *sans confi-*
dérer mes preuves , des maximes con-
traires. Pourvu qu'il entasse principe
sur principe son but est rempli.

La femme transmet à ses héritiers
la moitié du bien de Bourgage ; lorfque son mari prédécede elle n'empor-
te cette moitié qu'en contribuant aux
dettes. M. G...... soutient que si la
femme prémeurt, son héritier ne con-
tribue pas aux dettes mobiliaires : d'où
il conclut que la transmission ne se
fait pas à droit de société. Je réponds :
1°. Que le principe peut être vrai, & la
conséquence fausse. En effet la société
est susceptible de toutes sortes de mo-
difications ; l'avantage qu'on suppose
en faveur des héritiers , est du nombre , & ne la détruit pas. 2°. Je défie mon Critique de me montrer dans
nos loix , & *non ailleurs* , le principe
qu'il pose : je n'ai pas besoin de dire
que l'équité le réprouve , que toutes
les autres Coutumes le rejettent ; on
sent bien que l'héritier de la femme
doit payer les dettes comme elle ,

autrement

autrement on blefferoit les droits des maris, toujours favorifés : ce feroit même occafionner le tranfport de leurs biens aux héritiers des femmes.

Il faut pourtant faire une obfervation. Comme le mari jouit des conquêts tant qu'il eft vivant , qu'il pourroit faire des dettes , & difliper fes effets , l'état des héritiers doit être affuré. Notre Coutume n'indique à ce fujet aucunes formes : prenons pour regle les autres Coutumes , affujettiffons le mari à faire inventaire après la mort de fon époufe , & s'il ne le fait pas , exemptons les héritiers de la femme de contribuer aux dettes.

Autre principe de M. G......
» Les femmes Normandes n'ont aucun » droit aux conquêts faits dans la Cou- » tume de Paris. »

Je défie encore le Critique de me citer une feule loi qui juftifie cette affertion. S'il difoit qu'une partie de nos Confreres penfent ainfi , & que d'autres penfent différemment ; s'il difoit que ce principe eft une conféquence de fon opinion , c'eft-à-dire d'une exclusion de société, je serois de son avis : mais pour admettre ce principe il faut dabord faire voir que les conjoints ne sont pas associés en Normandie. Or que M. G...... nous établisse cela nettement, ensuite il pourra dire que si les femmes ne sont pas en société de biens, elles n'ont rien dans les pays de communauté.

Si l'on demande à M. G...... « à » quel titre les femmes prennent part » aux meubles & conquêts, « il répondra grammaticalement, « c'est un » gain de mariage, en vertu du statut » réel de la Province. » Ceux qui m'ont fait l'honneur de me lire, savent bien que cette réponse n'est pas satisfaisante ; que l'on peut appeller le *gain de communauté* gain de mariage, & que cette dénomination arbitraire ne signifie rien.

Ce que le sens commun dicte seul, c'est qu'en Normandie les femmes séparées n'ont aucune part dans les meubles & conquêts ; que par conséquent leur titre prend sa source dans leur association avec leurs maris, &

que c'eſt à droit de ſociété qu'elles partagent.

Et de là il réſulte que celles qui ne ſont pas ſéparées doivent avoir en tous lieux le droit que la ſociété conjugale y donne. 2°. Que les femmes ſéparées de biens, *domiciliées hors de la Province*, n'ont rien ſur les meubles & conquêts de Normandie.

J'ai prouvé cela ſans replique ; c'eſt ſans doute pour cette raiſon que M. G...... affecte de n'en rien voir. Je le renvoie aux dix premieres pages de ma troiſieme diviſion.

J'ai prouvé l'origine de la communauté Normande, & ſon admiſſion dans notre Coutume ; que M. G...... prouve l'origine *du gain de mariage*, & ſes rapports avec notre droit municipal, alors nous aurons tous deux rempli notre objet.

Voici le point le plus délicat : c'eſt l'article des ſtatuts. En méditant mon Critique, je ſuis tenté de croire qu'il ne m'a pas lû, j'aſſure au moins qu'il ne m'a pas compris, & j'aurois du ſcrupule à le contrarier davantage.

Je tranfcrirai pourtant la phrafe qui fuit : « Lorfque le Roi de France a » approuvé la Coutume de Norman- » die, & lui a donné force de loi, *il* » *a déclaré que tous fes fujets qui fe-* » *roient nés de parents domiciliés dans* » *cette Province, feroient majeurs à* » *vingt ans dans tous les pays de fon* » *obéiffance, & capables de faire dans* » *tout le Royaume* tous les actes qu'un » majeur peut y exercer. »

Je conjure M. G........ de me montrer cette Déclaration du Souverain, ou plutôt je foutiens qu'elle n'exifte pas. Que dirois-je de plus ? On voit clairement que mon Critique forme à fon gré des principes & des loix.

J'eftime M. G........ & je ne lui en veux point. Je dis la vérité fans paffion, & je l'entends de même. J'aurois fans doute gardé le filence, fi mon Confrere n'avoit pas mis *trop habile-ment* l'Arrêté du College à la fin de fon livre, c'eft évidemment pour lui fervir d'approbation : je veux croire que l'ouvrage en a befoin ; mais je fais pourtant qu'il n'y devoit pas

être, & pour deux raiſons. La premiere, c'eſt que le College a refuſé
de lire & d'approuver cette critique.
La ſeconde, c'eſt que les raiſons de
Monſieur G..... ne ſont ſûrement
point celles de mon College, & qu'on
pourroit imputer à l'Ordre les innat-
tentions d'un de ſes Membres. Je ſe-
rois bien fâché que l'on crût que je
combats mon Corps en combattant
mon critique : je conſidere le College
comme un Maître qui voit jouer ſes
Eleves.

Au reſte ſi Monſieur G...... veut
me contredire, je lui prépare les
Elémens du Droit, qui l'occuperont
long-temps : c'eſt un Ouvrage où je
mettrai bien du neuf, & que je me
propoſe de critiquer, ſi perſonne ne
le critique. J'en vais donner l'eſquiſſe
ou le *proſpectus.*

ÉLÉMENTS
DU DROIT.

LA nature eſt aſſujettie à des loix
invariables, & dans les mêmes
circonſtances la même cauſe a néceſ-
ſairement les mêmes effets.

Toutes les parties de l'univers n'ont
entr'elles qu'une différence ſpécifique :
l'animalité eſt le premier terme des
choſes.

En ce ſens, la nature eſt un compoſé d'animaux différemment modi-
fiés, qui n'aiſſent, croiſſent, produi-
ſent & meurent.

Tous ces individus ont chacun leur
eſpece, & chaque eſpece s'entretient
aux dépens d'une autre.

A ce moyen l'animalité eſt preſque
toujours en état de guerre.

L'état de paix ſe rencontre plus ou
moins entre certaines eſpeces. La paix
& la guerre dépendent des beſoins.
L'homme eſt maintenant l'ennemi de
tous, parce qu'il a beſoin de tous.

Les efpeces font divifées par *l'in-conformité* de leurs habitudes & de leurs defirs. Les membres de chaque efpece font réunis par la conformité de leurs inclinations. Cependant une paix farouche regne encore parmi les animaux de certaines efpeces.

Celles-ci fe fréquentent plutôt qu'elles ne fe réuniffent ; d'autres fe réuniffent plutôt qu'elles ne s'affocient ; qu'elques-unes offrent l'image d'une fociété parfaite, où tout femble agir de concert & pour le bien commun.

A cette tolérance générale , & pourtant variée, d'un animal pour fon femblable , joignons l'intimité des deux fexes , la tendreffe des peres & des enfants.

Quelques animaux admettent à la fois la pluralité des mâles ou des fémelles : chez eux l'amour eft une fureur plutôt qu'un attachement. Les autres ont des defirs plus conftants , le mâle ne connoît guere qu'une fémelle , & la fémelle fe contente d'un mâle : chez eux l'amour eft un fentiment plus paifible , plus tendre , plus continu.

Parmi les premiers , la maternité *feule* eſt certaine ; parmi les ſeconds , la paternité *feule* peut être douteuſe.

Les fémelles qui ſouffrent pluſieurs mâles , & qui n'en fixent pas , ne partagent point avec eux les ſoins & l'éducation des enfants. Au contraire , les fémelles qui n'en ſouffrent qu'un , partagent avec lui cette éducation & ces ſoins ; mais ceux de la mere ſont toujours plus affectionnés & plus étendus.

Quelle eſt donc la cauſe de tant de différences ? Il eſt difficile de l'indiquer. Les animaux ne ſont point tout ce qu'ils pourroient être, l'homme les a dénaturés en tous lieux ; la puiſſance les intimide & les diſperſe , elle enchaîne pour ainſi dire leurs inclinations , leur force , leur induſtrie.

Mais quel eſt la place de l'homme dans le tableau de l'animalité ?

L'homme naturel nous eſt connu ; la Philoſophie en a fait le roman plutôt que l'hiſtoire. Les ſauvages actuels ſont plus éloignés de lui que de nous.

L'homme

L'homme dans l'état de nature, oubliant le paſſé, voyant bien le préſent, n'imaginant pas l'avenir, habitoit ſans doute le lieu de ſa naiſfance ; car pourquoi l'auroit-il abandonné pour un pays inconnu ? L'animal eſt un être libre, mais il n'eſt pas errant, le ſéjour de ſa famille feroit ſouvent & peut-être toujours celui de ſa mort, ſi cela dépendoit de ſon choix.

L'homme naturel avoit donc une patrie & des concitoyens ; mais chaque habitation étoit moins une ſociété qu'une maſſe d'individus également libres.

Cette indépendance auroit tout détruit ſi les deſirs n'avoient pas été auſſi bornés que les jouiſſances étoient faciles. Dans l'état de nature, la force contenoit la force ; on n'attaquoit point ſans prétexte ; l'honneur de vaincre étoit une chimere ignorée ; la foibleſſe ne connoiſſoit point la honte de fuir ; le plus fort ne puniſſoit que la réſiſtance : des alimens, une femme, une retraite, compoſoient tous les beſoins ;

les chercher & les défendre, toutes les actions.

Ceux qui demeuroient dans le même canton devoient se voir, se connoître, se fréquenter : ce commerce les attachoit insensiblement l'un à l'autre. Vivant comme les animaux, ils exprimoient comme eux leurs affections par des cris naturels & peu variés. Des siecles s'écoulerent avant qu'ils employassent des termes convenus & généraux. Cependant tout pays devint le bien de ceux qui l'habitoient, & leur postérité s'y conserva.

Les membres d'une réunion furent étrangers pour ceux d'une autre ; la main de l'homme s'exerça long-tems sans objet & sans succès ; quelques arts grossiers donnerent de foibles connoissances, de nouvelles idées exigerent de nouveaux sons, chaque masse d'hommes eut son idiôme & ses notions particulieres : cette différence les désunit de plus en plus ; ils parurent former autant d'especes que de classes, ils se concentrerent dans la leur, les Royaumes s'établirent, & de là les loix; les arts, les vérités, les erreurs.

Il se peut que des hommes se soient réunis de concert, qu'ils se soient associés contre la force & la violence, ou pour former des établiffements, ou de toute autre maniere ; mais on ne doit pas chercher le principe social, ni le germe des souverainetés dans des cas extrêmes.

Voilà ce que je voudrois éclaircir avant de parler du droit ; l'ouvrage est sans doute au-deffus de mes forces, mais je ne précipiterai rien.

Ceci posé, voyons la suite du plan que je me propose.

J'entends par *droit* ce qu'on nomme loi : j'entends par *loi* la regle de nos actions.

On divise ordinairement le droit en trois claffes ; favoir en droit *naturel*, en droit *civil*, en droit des *gens*.

Le droit naturel est la regle de *l'homme*.

Le droit civil est la regle *du citoyen*.

Le droit des gens est la regle des *nations entr'elles*.

PREMIERE DIVISION.

DROIT
NATU-
REL.

En quoi consiste le droit naturel ?

Réponse.

IL est impossible d'en donner les détails. *Ce droit est pour chaque hom-*
me ce que la raison lui dicte. Or comme la raison du *brute* ou du sauva-
ge n'est pas celle de l'homme plus
ou moins instruit, le droit naturel
de l'un n'est pas celui de l'autre. Les
Auteurs qui l'ont analysé nous ap-
prennent ce qu'il est pour eux, &
non ce qu'il est pour tous.

Proportionné à la raison de chaque individu, il croît ou diminue
comme elle.

Maxime vraie : *L'étendue des con-*
noissances fait l'étendue des devoirs.
Par exemple, si tel homme ne voit que
ses besoins, il doit les satisfaire ou
souffrir : s'il ne voit dans son semblable qu'un être indifférent, il ne lui
doit rien plus qu'à tout autre animal ;
quand sa raison lui démontre un Dieu,

il faut qu'il l'admette ; quand elle lui dit que ce Dieu veut être adoré, il faut qu'il l'adore ; lorſqu'il croit avoir une ame, une ame immortelle, lorſqu'il apperçoit des rapports entre les hommes, l'obligation d'être tempérant & juſte, il eſt tenu de conformer ſes actions à ſa croyance. Dès qu'il ne connoît rien, tout devoir ceſſe, mais ſon ignorance ne détruit pas la vérité des choſes ; elles ſont indépendantes de nos perceptions, & c'eſt ce qu'on n'a pas aſſez diſtingué.

Ainſi le droit *naturel* n'a pas plus de *borne* ni *d'étendue* que la raiſon ; * il commence avec elle, il s'étend dès qu'elle ſe développe, il ne ſera jamais pour chacun de nous que le réſultat de nos lumieres.

* Tot capita tot jura.

Nota. *Je ferai voir dans l'ouvrage projetté, que Juſtinien a mal défini le droit naturel, qu'il confond le phyſique avec le moral, ou les beſoins avec les devoirs.*

DEUXIEME DIVISION.

DROIT CIVIL.

En quoi confiste le droit civil?

Réponfe.

Compofé

NOus venons de voir qu'elle eft la regle des hommes : s'il vivoient folitaires, c'eft-à-dire fans affociation, ils n'en auroient point d'autre ; mais ils forment par-tout des fociétés, & ces fociétés ont leurs loix particulieres.

Les membres de chaque cité font appellés citoyens , & les regles adoptées dans chacune , compofent leur droit civil.

Les loix civiles font de deux fortes, c'eft-à-dire *écrites* & non *rédigées.*

Du DROIT ÉCRIT, & des CouTUMES, fubdivifés d'abord EN DROIT PUBLIC, d'où dérivent, 1°

J'appelle *droit écrit* celles qui le font.

J'appelle *coutumes* celles qui ne le font pas.

Ces loix écrites, ou non rédigées fe fubdivifent en droit public, & en droit privé.

1°. Le droit public eft ce qui conftitue le gouvernement d'un peuple, & la maniere d'être de chaque état.

Le gouvernement d'un peuple eſt ou républicain, ou monarchique, ou deſpotique, ou mixte. *Les Gouvernemens qui ſont le républicain,*

Le républicain eſt celui ou le *peuple* a la ſouveraine puiſſance.

Pluſieurs eſpeces de cet état populaire ; voici les principales. *diſtingué en*

Lorſque le peuple gouverne en *corps* c'eſt une *démocratie*. *Démocratie,*

Lorſqu'une partie du peuple ou les anciens gouvernent, c'eſt une ariſtocratie. *Ariſtocratie*

Lorſqu'un petit nombre de grands a le pouvoir d'adminiſtrer, c'eſt une oligarchie. *& Oligarchie.*

Nota. Sur tous ces points une bonne collection de faits me procurera des détails intéreſſants : En vain diroit-on que j'extraits Montesquieu, puiſque je me propoſe de le contredire, & qu'un extrait eſt toujours un ouvrage. Je ne plaiſante point.

Le monarchique eſt celui ou un ſeul regne, mais ſelon les *loix faites par* l'état. *LE MONARCHIQUE.*

Le deſpotique eſt celui ou un ſeul régit tout *par ſa volonté.* *LE DESPOTIQUE.*

LE MIXTE. Le mixte eſt un compoſé des deux ou des trois autres. Tous les gouvernements connus ſont mixtes : je le démontrerai.

Nota. Je ſerai contraint de critiquer bien des Auteurs, mais pourra-t-on s'en plaindre ?

2°. LA MANIERE D'ÊTRE DE CHAQUE ÉTAT. La maniere d'être de chaque état comprend la diviſion naturelle & civile des perſonnes, les différentes claſſes de citoyens, l'ordre des tribunaux, la régie des finances, le commerce, &c. en un mot, la diſtribution d'un Empire.

Nota. Les Royaumes étrangers m'occuperont peu ; mais je verrai en grand l'économie ſociale de la France.

Deuxieme ſubdiviſion EN DROIT PRIVÉ. 2°. Le *droit privé* eſt celui des particuliers. C'eſt la loi qui dirige les citoyens *entr'eux*, qui regle leurs conventions & leurs interêts.

Nota. Je dirai ſur la matiere des contrats beaucoup de choſes nouvelles.

Le droit civil n'eſt qu'une exception au droit naturel. Quand les loix civiles ſe taiſent, les loix naturelles parlent.

TROISIEME

✺:✺✺✺✺✺✺✺✺:✺✺✺✺✺✺✺:✺

TROISIEME DIVISION.

En quoi confifte le droit des gens ?

Réponfe.

IL fe divife en commun & pofitif.

Le droit commun des nations eft
purement le droit naturel : ce qu'un
homme doit à un homme , plufieurs
le doivent à plufieurs.

Le droit pofitif des nations confifte
dans les traités faits entr'elles , dans
les prérogatives & les dépendances
ratifiées ou reconnues.

Ce droit variable ne peut être déterminé : il eft pour les états ce que
le droit civil eft pour les citoyens.
Comme le droit civil n'eft pas le même en toute cité, le droit pofitif ou
conventionnel des nations n'eft pas le
même entre tous les empires.

Les nations doivent agir ainfi que
les hommes , d'après leur raifon ou
d'après leurs arrêtés.

DROIT
DES
GENS,

divifé en

COMMUN

&

POSITIF.

D

Que deux hommes ou deux nations
se fréquentent pour la premiere fois,
les obligations seront les mêmes.

Nota. *L'empereur Justinien divise le droit
des gens en primitif & secondaire. Sa divi-
sion & la mienne ne diffèrent que dans les
termes. Nous discordons sur l'essence des cho-
ses. Son droit primitif ou commun, doit être
semblable à son droit naturel ; mais ils sont
tous deux mal & différemment définis. Selon
cet Empereur, celui-ci n'est que l'instinct, &
celui-là qu'une portion des loix civiles. Quant
au droit secondaire ou conventionnel, Justinien l'a déterminé sans prétexte, puisqu'il
est variable & qu'il dépend des conventions :
Il est vrai que Justinien prend le droit de son
temps pour le seul qui puisse exister. Mon
but est d'éclaircir ces points délicats.*

*Je ferai voir en outre que les Jurisconsultes,
& sur-tout Pufendorf, ont mal expliqué le
droit de la nature & des gens.*

*On me demandera peut-être si j'ai plus
d'esprit ou de connoissance que ces grands
Hommes : je répondrai que j'en ai bien
moins ; mais que je crois entendre ce que je
dis.*

*Si l'on daigne m'encourager, j'emploierai
mes veilles à ce travail pénible. Je ne compi-
lerai point.*

F I N.